Impressum
Verlag: BABADADA GmbH, Nedderfeld 112 , 22529 Hamburg
Geschäftsführer / Verlagsleitung: Harald Hof
Druck: Books on Demand GmbH, In de Tarpen 42, 22848 Norderstedt

Imprint
Publisher: BABADADA GmbH, Nedderfeld 112 , 22529 Hamburg, Germany
Managing Director / Publishing direction: Harald Hof
Print: Books on Demand GmbH, In de Tarpen 42, 22848 Norderstedt

colegio
école

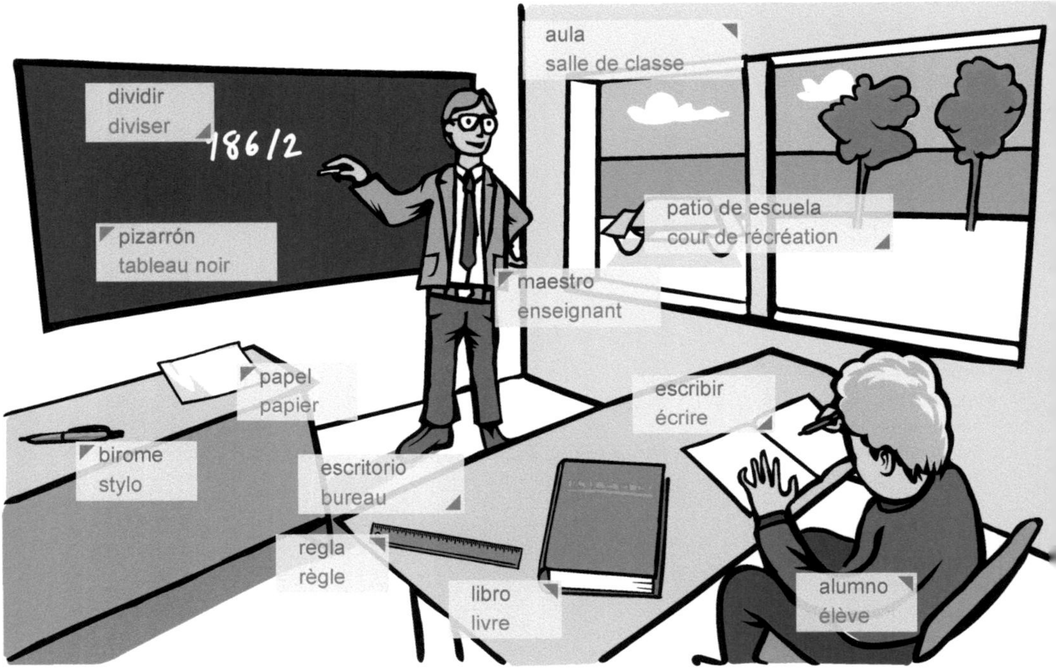
aula
salle de classe
dividir
diviser
186/2
pizarrón
tableau noir
patio de escuela
cour de récréation
maestro
enseignant
papel
papier
escribir
écrire
birome
stylo
escritorio
bureau
regla
règle
libro
livre
alumno
élève

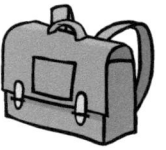

mochila

sac d'école

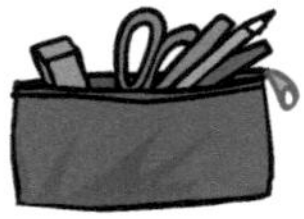

caja de lápices

trousse

lápiz

crayon

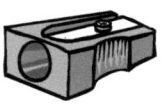

sacapuntas

taille-crayon

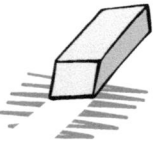

goma (de borrar)

gomme

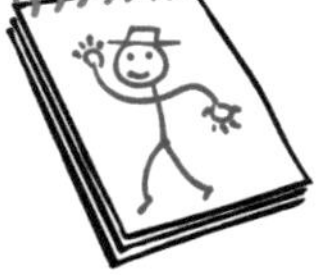

bloc de dibujo

carnet à dessin

dibujo

dessin

pincel

pinceau

caja de pinturas

boîte de peinture

tijera

ciseaux

pegamento

colle

cuaderno de ejercicios

cahier d'exercices

tarea

tâches

número

chiffre

sumar

additionner

restar

soustraire

multiplicar

multiplier

calcular

calculer

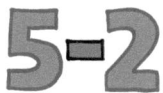

letra

lettre

abecedario

alphabet

palabra

mot

texto
texte

leer
lire

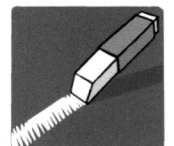

tiza
craie

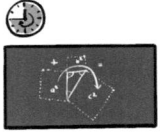

lección
leçon

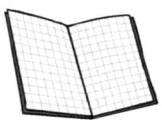

cuaderno de clase
livre de classe

examen
examen

certificado
certificat

uniforme escolar
uniforme scolaire

educación
formation

enciclopedia
lexique

universidad
université

microscopio
microscope

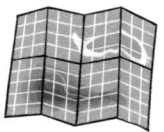

mapa
carte

tacho (de basura)
corbeille à papier

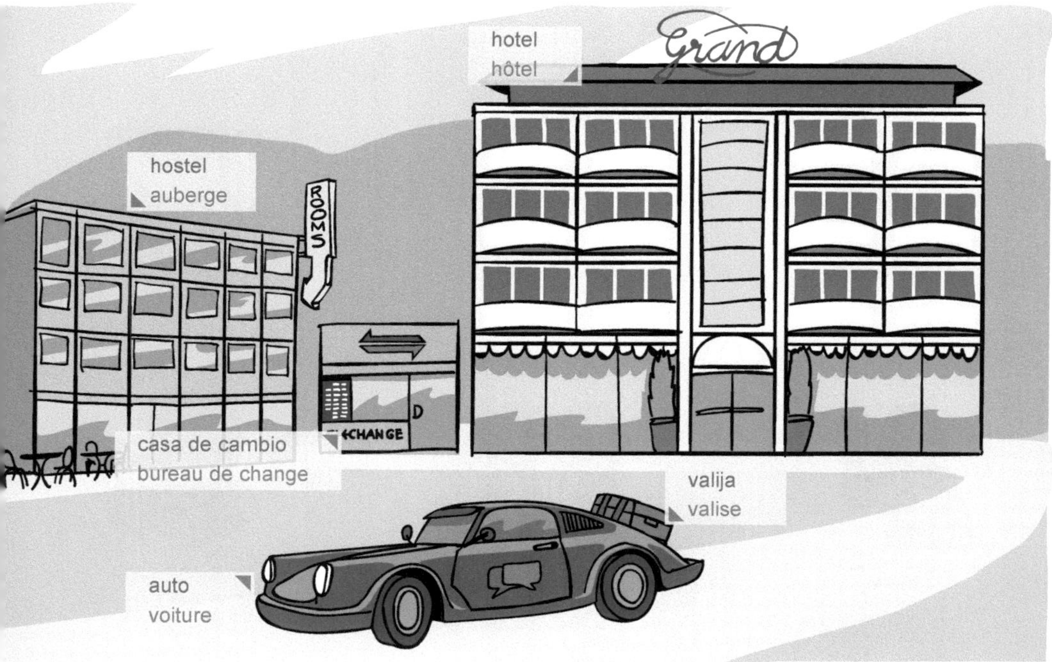

hotel
hôtel
Grand
hostel
auberge
ROOMS
casa de cambio
bureau de change
€CHANGE
valija
valise
auto
voiture

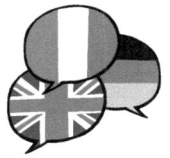

idioma
langue

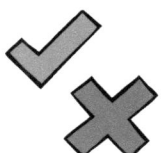

sí / no
oui / non

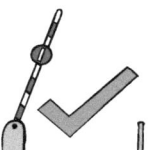

Está bien
d'accord

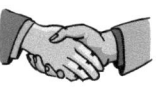

hola
Salut

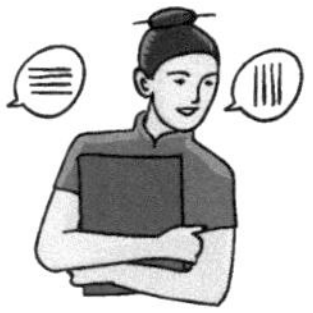

traductor
interprète

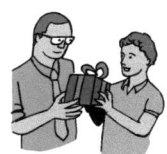

Gracias
merci

¿cuánto cuesta...?

Combien coûte...?

No entiendo

Je ne comprends pas

problema

problème

¡Buenas tardes!

Bonsoir!

¡Buenos días!

Bonjour!

¡Buenas noches!

Bonne nuit!

adiós

Au revoir

dirección

direction

equipaje

bagages

bolso

sac

mochila

sac-à-dos

invitado

hôte

habitación

pièce

bolsa de dormir

sac de couchage

carpa

tente

información turística
office de tourisme

playa
plage

tarjeta de crédito
carte de crédit

desayuno
petit-déjeuner

almuerzo
déjeuner

cena
dîner

pasaje
billet

ascensor
ascenseur

sello
timbre

frontera
frontière

aduana
douane

embajada
ambassade

visa
visa

pasaporte
passeport

transporte
transport

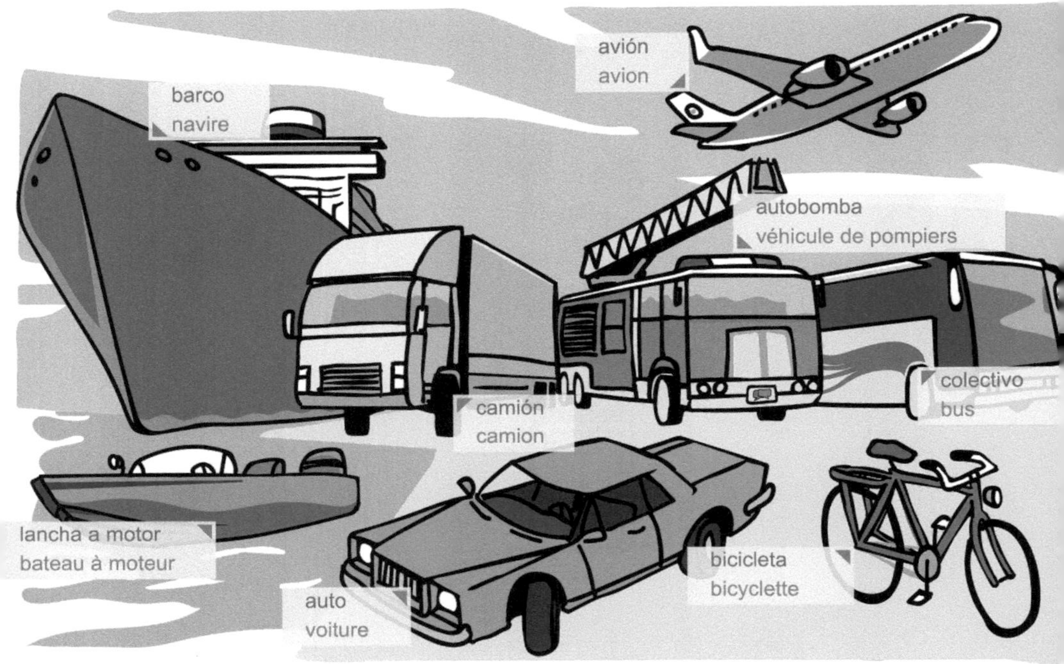

avión
avion
barco
navire
autobomba
véhicule de pompiers
colectivo
bus
camión
camion
lancha a motor
bateau à moteur
bicicleta
bicyclette
auto
voiture

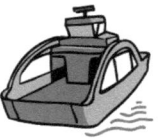

ferry

ferry

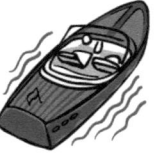

bote

barque

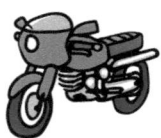

moto

moto

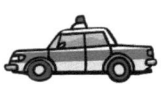

patrullero

voiture de police

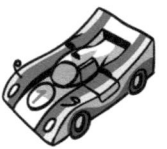

auto de carreras

voiture de course

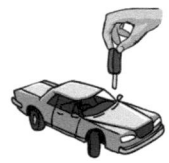

auto de alquiler

voiture de location

alquiler de autos

autopartage

grúa

dépanneuse

camión de basura

benne à ordures

motor

moteur

nafta

essence

estación de servicio

station d'essence

señal de tránsito

panneau indicateur

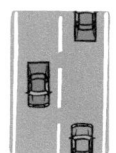

tránsito

trafic

embotellamiento

embouteillage

estacionamiento

parking

estación de tren

gare

vías

rails

tren

train

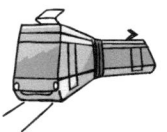

tranvía

tram

vagón

wagon

helicóptero

hélicoptère

aeropuerto

aéroport

torre

tour

pasajero

passager

contenedor

container

caja de cartón

carton

carretilla

chariot

canasta

corbeille

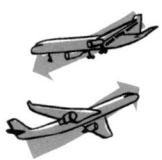

despegar / aterrizar

décoller / atterrir

ciudad

ville

pueblo

village

centro de ciudad

centre-ville

casa

maison

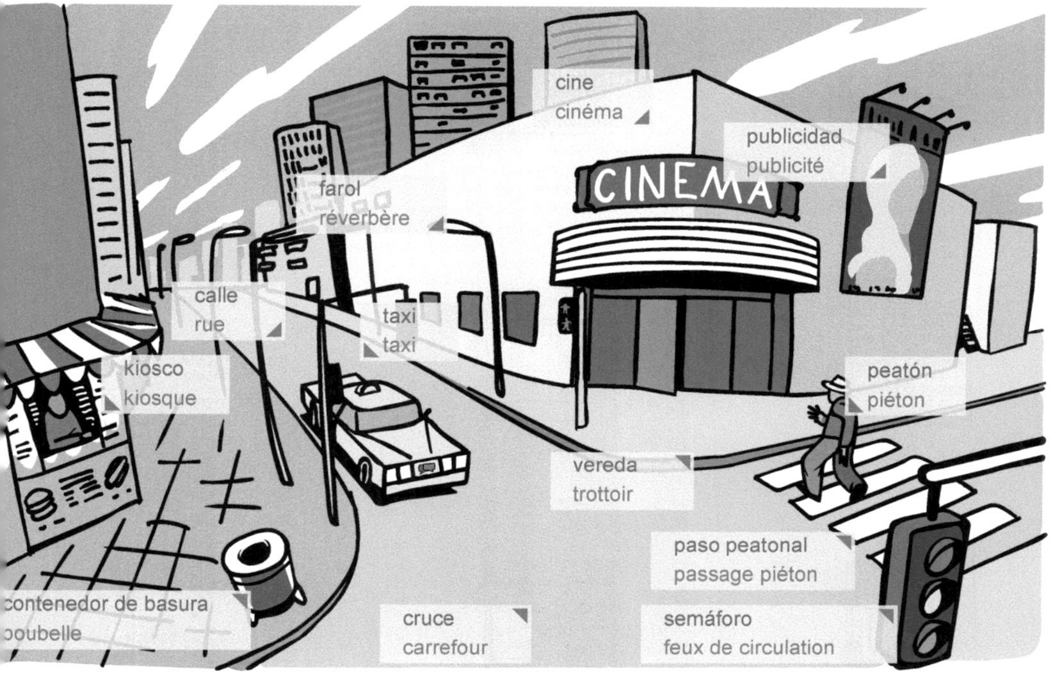

cine
cinéma
CINEMA
publicidad
publicité
farol
réverbère
calle
rue
taxi
taxi
kiosco
kiosque
peatón
piéton
vereda
trottoir
paso peatonal
passage piéton
contenedor de basura
poubelle
cruce
carrefour
semáforo
feux de circulation

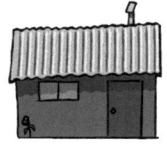

cabaña

cabane

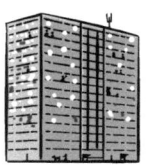

departamento

appartement

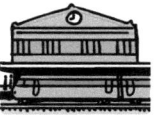

estación de tren

gare

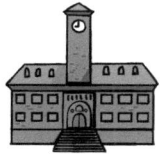

municipalidad

mairie

MUSEUM

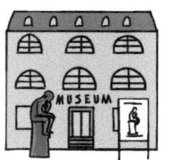

museo

musée

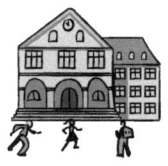

colegio

école

universidad
université

banco
banque

hospital
hôpital

hotel
hôtel

farmacia
pharmacie

oficina
bureau

librería
librairie

negocio
magasin

florería
fleuriste

supermercado
supermarché

mercado
marché

grandes tiendas
grand magasin

pescadería
poissonnerie

centro comercial
centre commercial

puerto
port

parque

parc

banco

banque

puente

pont

escaleras

escaliers

subte

métro

túnel

tunnel

parada del colectivo

arrêt de bus

bar

bar

restaurante

restaurant

buzón

boîte à lettres

letrero

panneau indicateur

parquímetro

parcomètre

zoológico

zoo

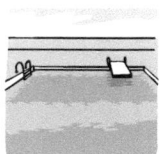

pileta

réverbère

mezquita

mosquée

granja

ferme

contaminación

pollution

cementerio

cimetière

iglesia

église

juegos infantiles

aire de jeux

templo

temple

paisaje
paysage

hoja
feuille

poste indicador
panneau indicateur

camino
chemin

pradera
pré

piedra
pierre

árbol
arbre

excursionista
randonneur

río
rivière

hierba
herbe

flor
fleur

valle
vallée

montaña
montagne

lago
lac

bosque
forêt

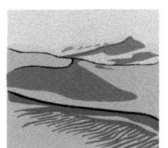

desierto
désert

volcán
volcan

castillo
château

arco iris
arc-en-ciel

champiñón
champignon

palmera
palmier

mosquito
moustique

mosca
mouche

hormiga
fourmis

abeja
abeille

araña
araignée

paisaje - paysage

escarabajo

scarabée

rana

grenouille

ardilla

écureuil

erizo

hérisson

liebre

lapin

lechuza

chouette

pájaro

oiseau

cisne

cygne

jabalí

sanglier

ciervo

cerf

alce

élan

presa

barrage

aerogenerador

éolienne

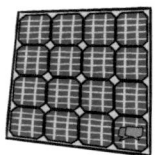

panel solar

panneau solaire

clima

climat

mozo
serveur

menú
menu

silla
chaise

pizza
pizza

sopa
soupe

mantel
nappe

cubiertos
services

entrada
hors d'œuvre

plato principal
plat principal

postre
dessert

bebidas
boissons

comida
alimentation

botella
bouteille

comida rápida

fast-food

comida callejera

plats à emporter

tetera

théière

azucarera

sucrier

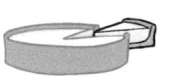

porción

portion

cafetera expreso

machine à expresso

sillita alta

chaise haute

cuenta

facture

bandeja

plateau

cuchillo

couteau

tenedor

fourchette

cuchara

cuillère

cucharita

cuillère à thé

servilleta

serviette

vaso

verre

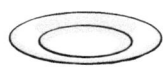

plato

assiette

plato hondo

assiette à soupe

plato

soucoupe

salsa

sauce

salero

salière

molinillo de pimienta

moulin à poivre

vinagre

vinaigre

aceite

huile

especias

épices

kétchup

ketchup

mostaza

moutarde

mayonesa

mayonnaise

supermercado
supermarché

oferta especial
offre promotionnelle
FOR
cliente
client
lácteos
produits laitiers
fruta
fruits
changuito
caddie

BUTCHERS

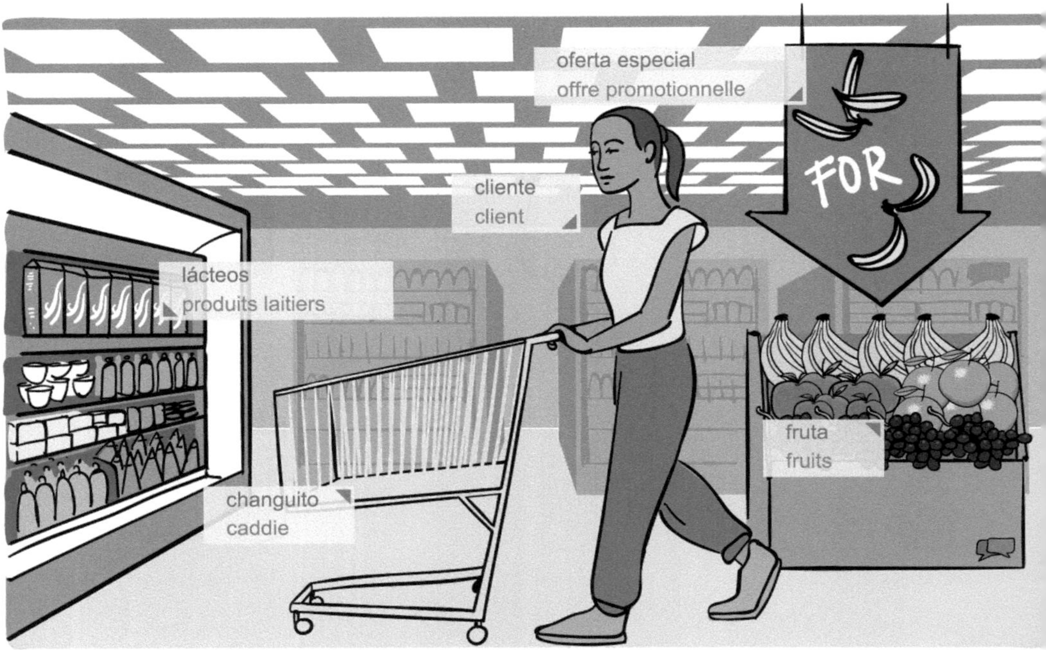

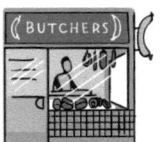

carnicería

boucherie

BAKERY

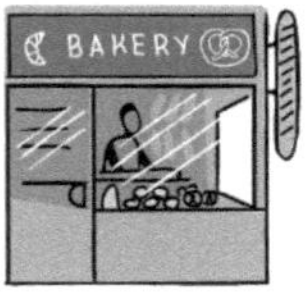

panadería

boulangerie

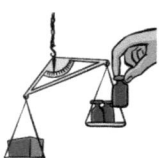

pesar

peser

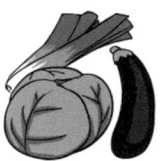

verduras

légumes

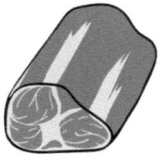

carne

viande

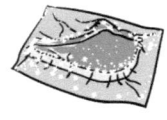

alimentos congelados

aliments surgelés

fiambres

charcuterie

alimentos enlatados

conserves

detergente en polvo

poudre à lessive

golosinas

bonbons

electrodomésticos

articménagers

productos de limpieza

détergents

vendedora

vendeuse

caja

caisse

cajero

caissier

lista de compras

liste d'achats

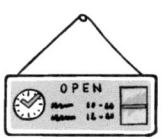

horario de atención

heures d'ouverture

billetera

portefeuille

tarjeta de crédito

carte de crédit

cartera

sac

bolsa de plástico

sac en plastique

agua

eau

jugo

jus de fruit

leche

lait

bebida cola

coca

vino

vin

cerveza

bière

alcohol

alcool

cacao

chocolat chaud

té

thé

café

café

café expreso

expresso

cappuccino

cappuccino

banana

banane

manzana

pomme

naranja

orange

melón

melon

limón

citron

zanahoria

carotte

ajo

ail

bambú

bambou

cebolla

oignon

champiñón

champignon

nueces

noisettes

fideos

pâtes

tallarines

spaghettis

arroz

riz

ensalada

salade

papas fritas

frites

papas fritas

pommes de terre rôties

pizza

pizza

hamburguesa

hamburger

sándwich

sandwich

churrasco

escalope

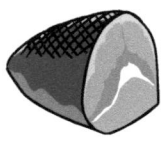

jamón

jambon

salame

salami

salchicha

saucisse

pollo

poulet

asado

rôti

pescado

poisson

copos de avena

flocons d'avoine

muesli

muesli

copos de maíz

cornflakes

harina

farine

medialuna

croissant

pancito

petits-pains

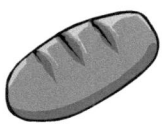

pan

pain

tostada

pain grillé

galletitas

biscuits

manteca

beurre

cuajada

fromage blanc

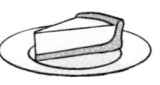

torta

gâteau

huevo

œuf

huevo frito

œuf au plat

queso

fromage

helado
glace

azúcar
sucre

miel
miel

mermelada
confiture

pasta de chocolate
crème nougat

curry
curry

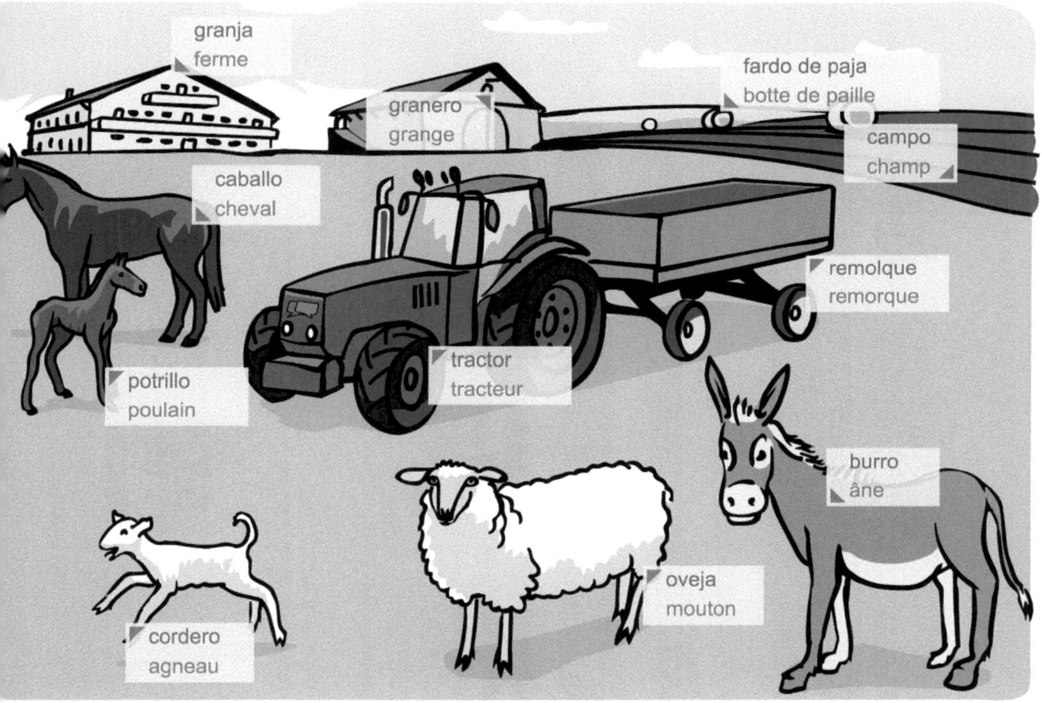

granja
ferme

granero
grange

fardo de paja
botte de paille

campo
champ

caballo
cheval

remolque
remorque

potrillo
poulain

tractor
tracteur

burro
âne

oveja
mouton

cordero
agneau

cabra
chèvre

vaca
vache

ternero
veau

cerdo
porc

lechón
porcelet

toro
taureau

ganso
oie

pato
canard

pollo
poussin

gallina
poule

gallo
coq

rata
rat

gato
chat

ratón
souris

buey
bœuf

perro
chien

cucha
chenil

manguera
tuyau de jardin

regadera
arrosoir

guadaña
faucheuse

arado
charrue

hoz
faucille

azada
pioche

horquilla
fourche

hacha
hache

carretilla
brouette

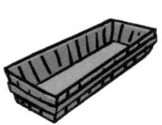

abrevadero
cuve

lechera
pot à lait

bolsa
sac

reja
clôture

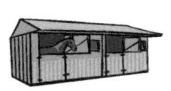

establo
étable

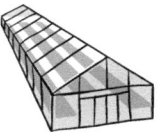

invernadero
serre

suelo
sol

semilla
semences

fertilizador
engrais

cosechadora
moissonneuse-batteuse

cosechar
récolter

cosecha
récolte

batatas
igname

trigo
blé

soja
soja

papa
pomme de terre

maíz
maïs

semilla de colza
colza

árbol frutal
arbre fruitier

mandioca
manioc

cereales
céréales

casa
maison

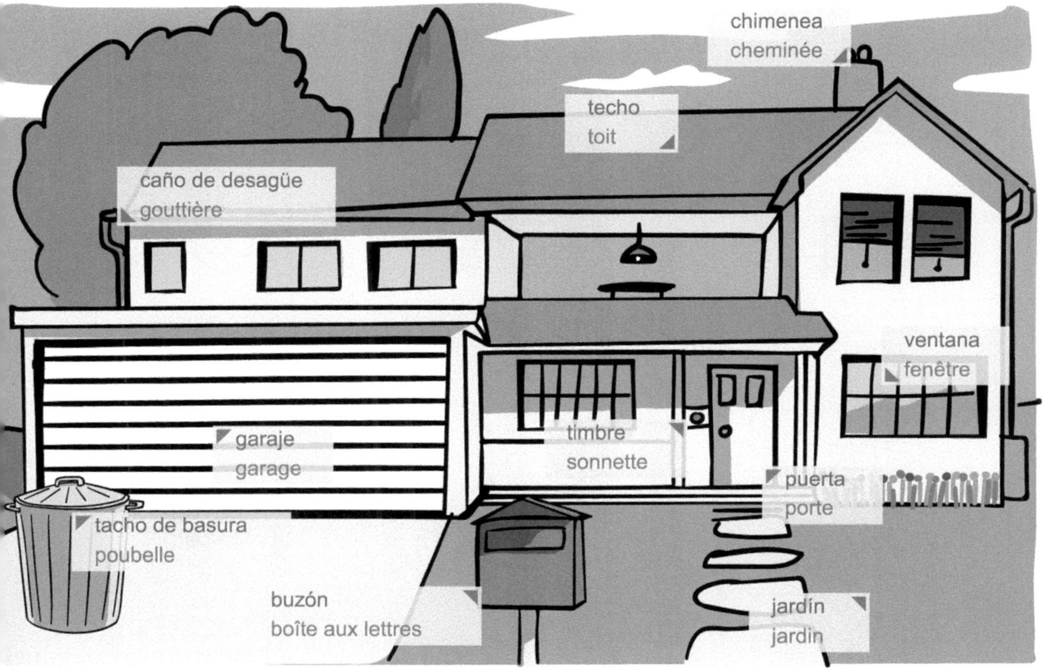
chimenea
cheminée
techo
toit
caño de desagüe
gouttière
ventana
fenêtre
garaje
garage
timbre
sonnette
puerta
porte
tacho de basura
poubelle
buzón
boîte aux lettres
jardín
jardin

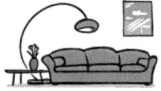

living

salon

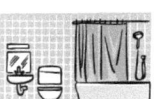

baño

chambre de bain

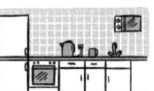

cocina

cuisine

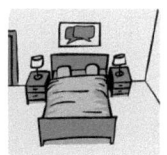

dormitorio

chambre à coucher

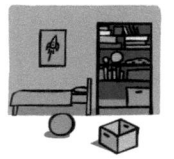

cuarto de los chicos

chambre d'enfant

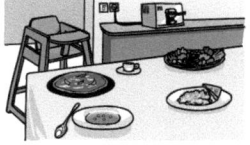

comedor

salle à manger

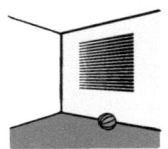

piso
sol

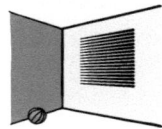

pared
mur

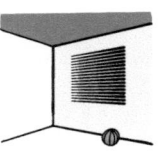

cielorraso
plafond

sótano
cave

sauna
sauna

balcón
balcon

terraza
terrasse

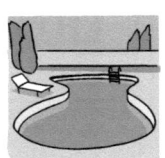

pileta
piscine

cortadora de pasto
tondeuse à gazon

sábana
fourre de duvet

acolchado
couette

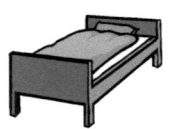

cama
lit

escoba
balai

balde
sceau

interruptor
interrupteur

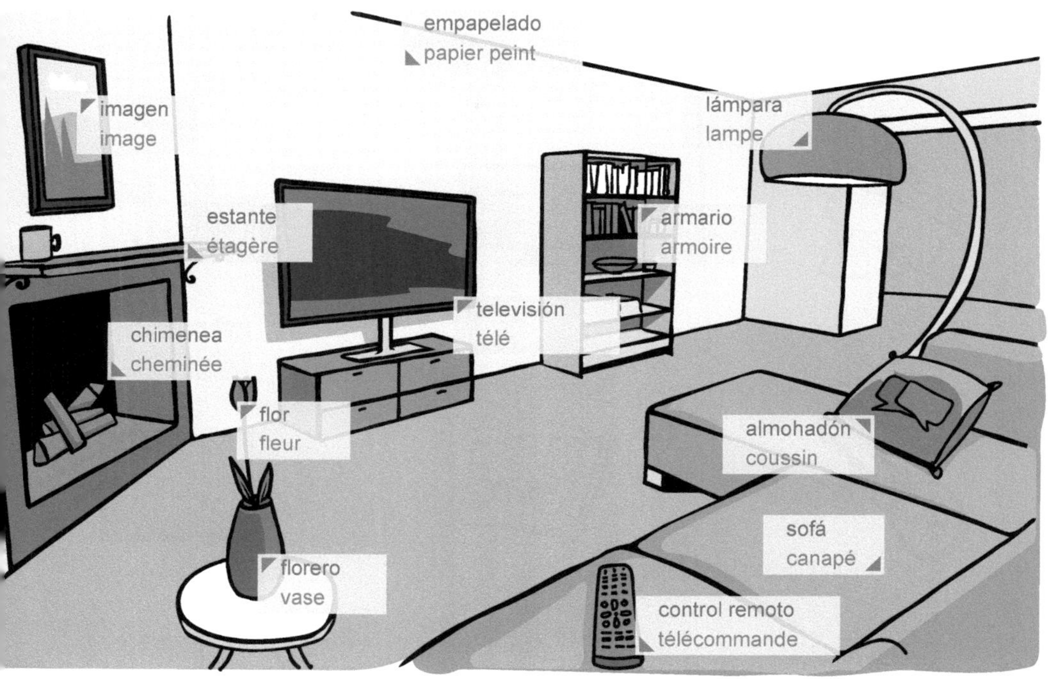

empapelado
papier peint

imagen
image

lámpara
lampe

estante
étagère

armario
armoire

chimenea
cheminée

televisión
télé

flor
fleur

almohadón
coussin

florero
vase

sofá
canapé

control remoto
télécommande

alfombra
tapis

cortina
rideau

mesa
table

silla
chaise

mecedora
chaise à bascule

sillón
fauteuil

libro

livre

frazada

couverture

decoración

décoration

leña

bois de chauffage

película

film

equipo de música

chaîne hi-fi

llave

clé

diario

journal

pintura

peinture

póster

poster

radio

radio

cuaderno

bloc-notes

aspiradora

aspirateur

cactus

cactus

vela

bougie

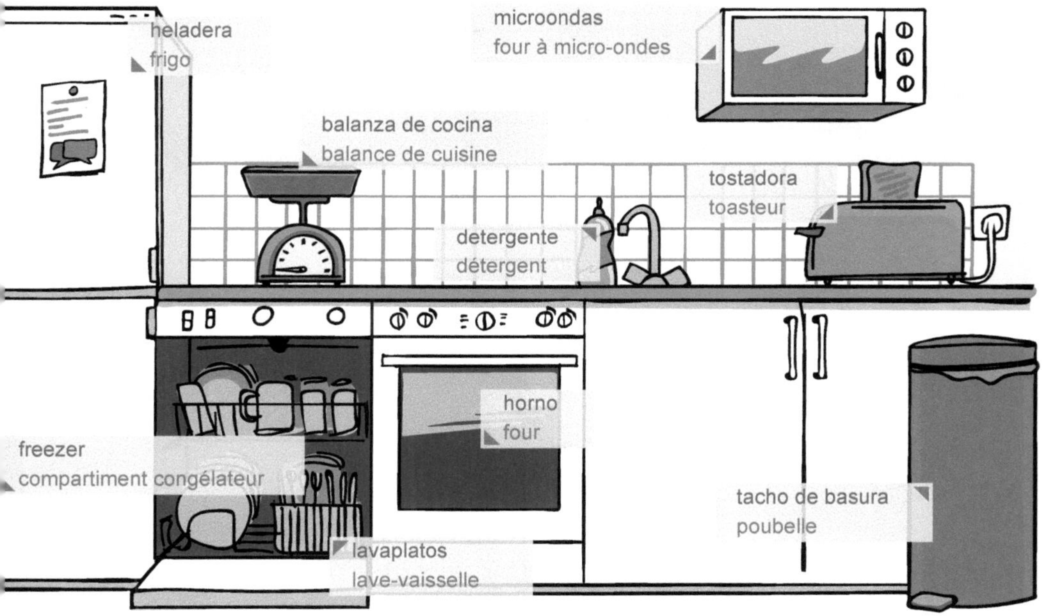

heladera
frigo

microondas
four à micro-ondes

balanza de cocina
balance de cuisine

tostadora
toasteur

detergente
détergent

horno
four

freezer
compartiment congélateur

tacho de basura
poubelle

lavaplatos
lave-vaisselle

cocina
four

olla
casserole

olla de hierro fundido
marmite

wok
wok/kadai

sartén
poêle

pava
bouilloire électrique

vaporera

cuiseur vapeur

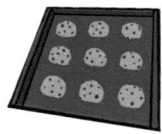

bandeja de horno

plaque de cuisson

vajilla

vaisselle

taza

gobelet

bol

bol

palitos

baguettes

cucharón

louche

estpátula

spatule

batidora

fouet

colador

passoire

colador

tamis

rallador

râpe

mortero

mortier

parrilla

barbecue

fogata

cheminée

tabla de picar

planche à découper

palo de amasar

rouleau à pâtisserie

sacacorchos

tire-bouchon

lata

boîte

abrelatas

ouvre-boîte

manopla

maniques

pileta

lavabo

cepillo

brosse

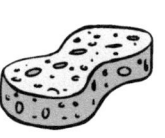

esponja

éponge

batidora

mixeur

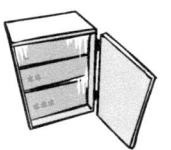

congelador

congélateur

mamadera

biberon

canilla

robinet

baño

chambre de bain

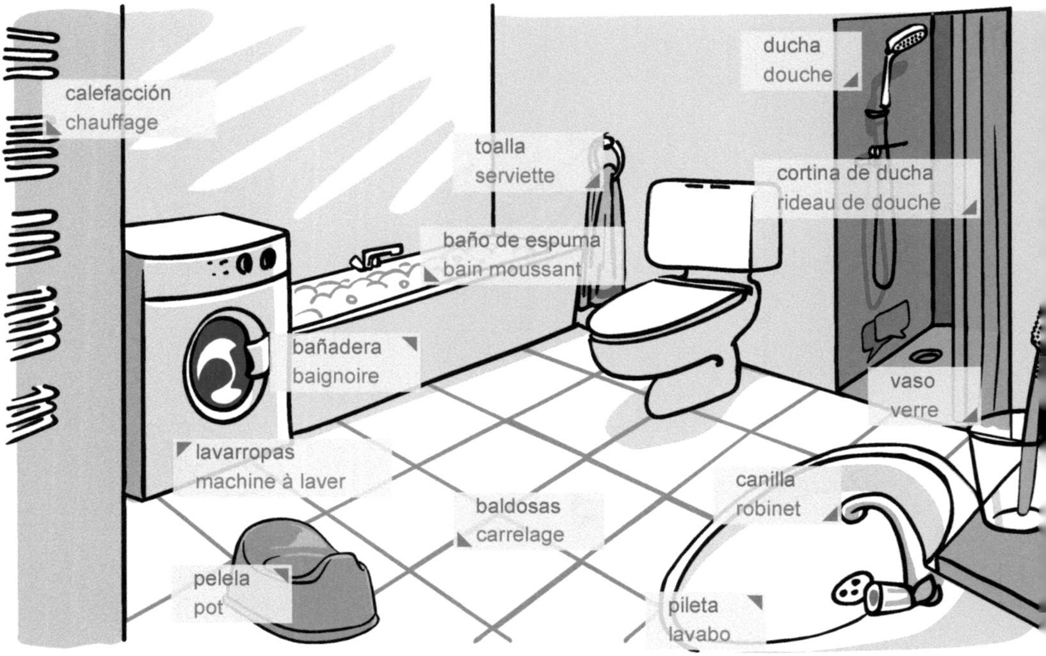
ducha
douche
calefacción
chauffage
toalla
serviette
cortina de ducha
rideau de douche
baño de espuma
bain moussant
bañadera
baignoire
vaso
verre
lavarropas
machine à laver
canilla
robinet
baldosas
carrelage
pelela
pot
pileta
lavabo

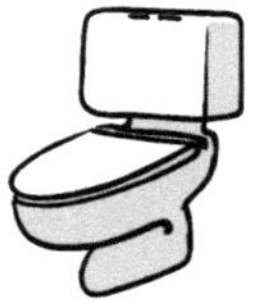

inodoro

toilettes

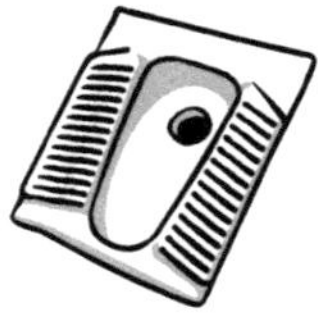

letrina

toilette à turque

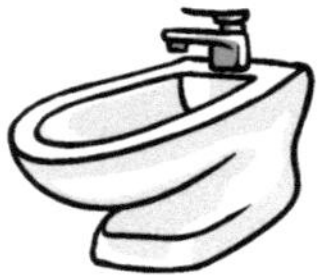

bidé

bidet

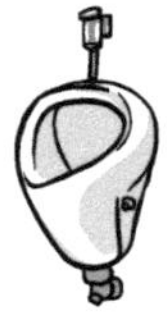

mingitorio

urinoir

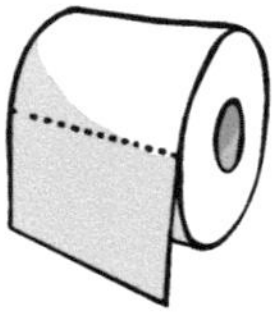

papel higiénico

papier toilette

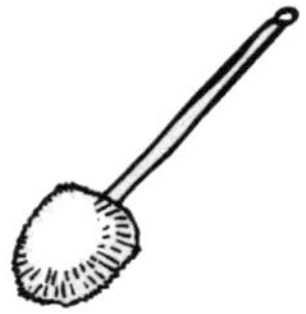

cepillo para el inodoro

brosse à toilette

cepillo de dientes

brosse à dents

dentífrico

dentifrice

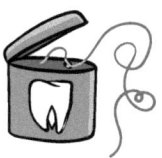

hilo dental

fil dentaire

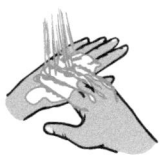

lavar

laver

ducha de mano

douche manuelle

ducha higiénica

douche intime

palangana

vasque

cepillo para espalda

brosse dorsale

jabón

savon

gel de ducha

gel douche

shampoo

shampooing

toallita

gant de toilette

desagüe

écoulement

crema

crème

desodorante

déodorant

espejo

miroir

espejito

miroir cosmétique

maquinita de afeitar

rasoir

espuma de afeitar

mousse à raser

aftershave

après-rasage

peine

peigne

cepillo

brosse

secador de pelo

sèche-cheveux

spray

laque pour cheveux

maquillaje

fond de teint

lápiz de labios

rouge à lèvres

esmalte para uñas

vernis à ongles

algodón

ouate

tijera para uñas

coupe-ongles

perfume

parfum

portacosméticos

trousse de toilette

banqueta

tabouret

balanza

balance

bata

peignoir

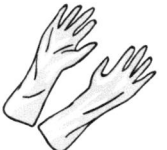

guantes de goma

gants de nettoyage

tampón

tampon

toallita femenina

serviettes hygiéniques

baño químico

toilette chimique

baño - chambre de bain 41

cuarto de los chicos

chambre d'enfant

despertador
réveil
peluche
doudou
coche de juguete
voiture jouet
sonajero
hochet
casa de muñecas
maison de poupée
regalo
cadeau

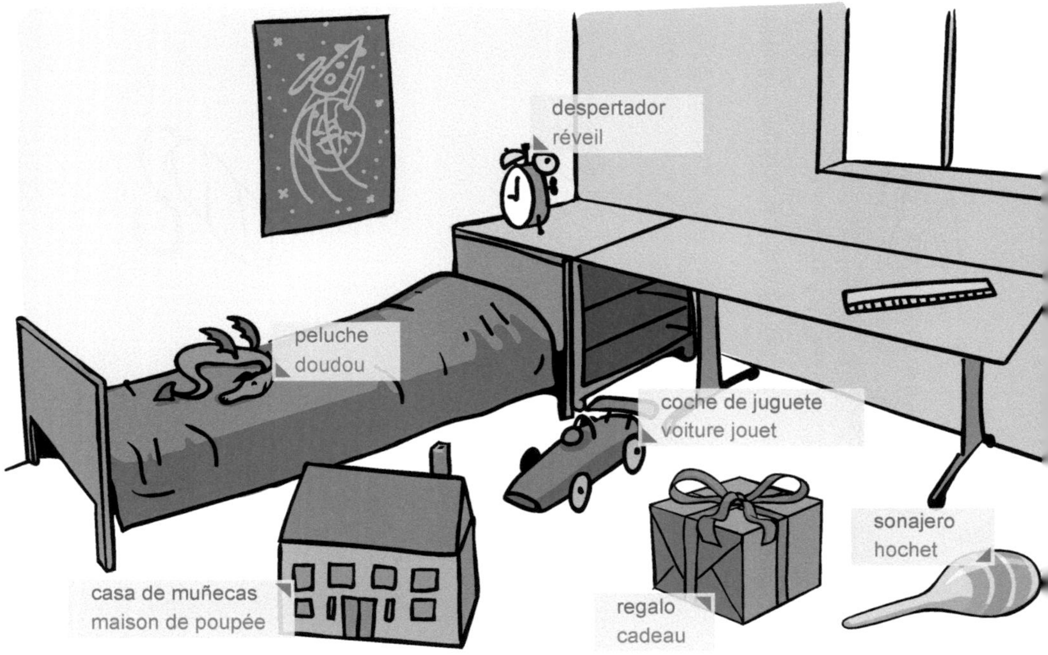

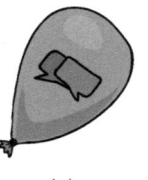

globo

ballon

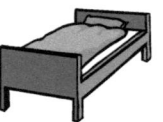

cama

lit

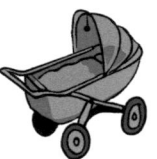

cochecito

poussette

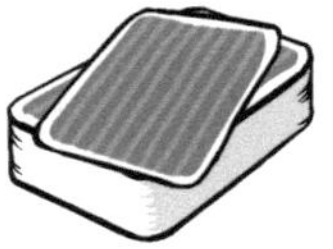

cartas

jeu de cartes

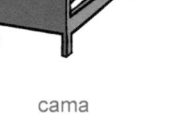

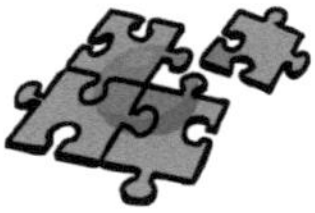

rompecabezas

puzzle

SUPER MEGA

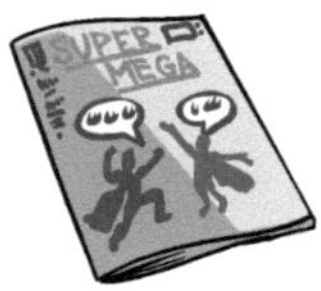

historieta

bande dessinée

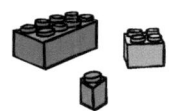

piezas de lego
pièces lego

ladrillos de juguete
blocs de construction

figura de acción
figurine

enterito (de bebé)
grenouillère

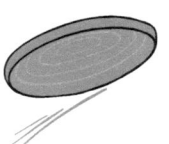

frisbee
frisbee

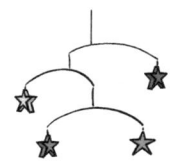

móvil para bebés
mobile

juego de mesa
jeu de société

dados
dé

tren eléctrico
train miniature

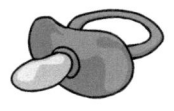

chupete
sucette

fiesta
fête

libro de cuentos ilustrado
livre d'images

pelota
balle

muñeca
poupée

jugar
jouer

arenero

bac à sable

hamaca

balançoire

juguetes

jouets

consola de videojuegos

console de jeu

triciclo

tricycle

osito de peluche

ours en peluche

armario

armoire

ropa

vêtements

medias

chaussettes

medias panty

bas

calzas

collant

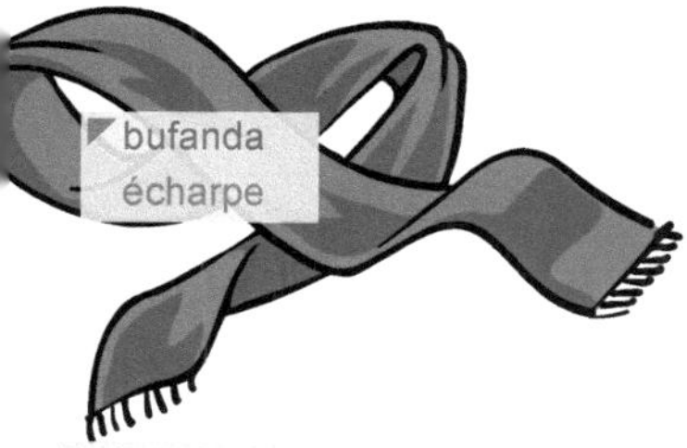

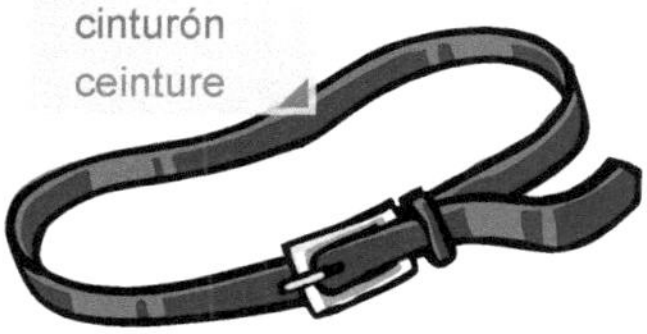

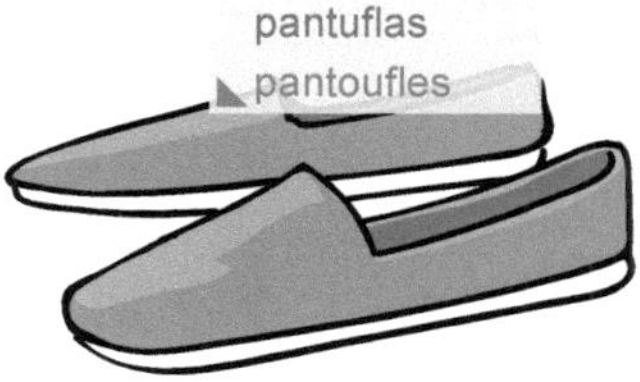

bufanda
écharpe

paraguas
parapluie

cinturón
ceinture

remera
t-shirt

botas
bottes

pantuflas
pantoufles

zapatillas
baskets

sandalias
sandales

zapatos
chaussures

botas de goma
bottes de caoutchouc

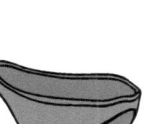

ropa interior
linge de corps

corpiño
soutien-gorge

chaleco
maillot de corps

body
body

pantalones
pantalon

jeans
jean

pollera
jupe

blusa
chemisier

camisa
chemise

pulóver
pull

buzo
pull-over à capuche

blazer
veste

campera
veste

tapado
manteau

piloto
imperméable

traje
costume

vestido
robe

vestido de novia
robe de mariée

traje
costume

camisón
chemise de nuit

pijama
pyjama

sari
sari

pañuelo para cabeza
foulard

turbante
turban

burka
burqa

caftán
caftan

abaya
abaya

traje de baño
maillot de bain

short de baño
costume de bain

shorts
cuissettes

jogging
tenue d'entraînement

delantal
tablier

guantes
gants

botón
bouton

anteojos
lunettes

pulsera
bracelet

collar
collier

anillo
bague

aro
boucle d'oreille

gorra
bonnet

percha
cintre

sombrero
chapeau

corbata
cravate

cierre
fermeture éclair

casco
casque

tiradores
bretelles

uniforme escolar
uniforme scolaire

uniforme
uniforme

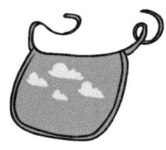

babero

bavoir

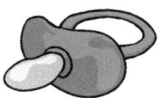

chupete

sucette

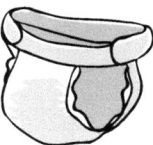

pañal

couche

oficina
bureau

servidor
serveur
archivero
armoire d'archivage
impresora
imprimante
papel
papier
monitor
écran
mouse
souris
escritorio
bureau
carpeta
classeur
teclado
clavier
tacho (de basura)
corbeille à papier
computadora
ordinateur
silla
chaise

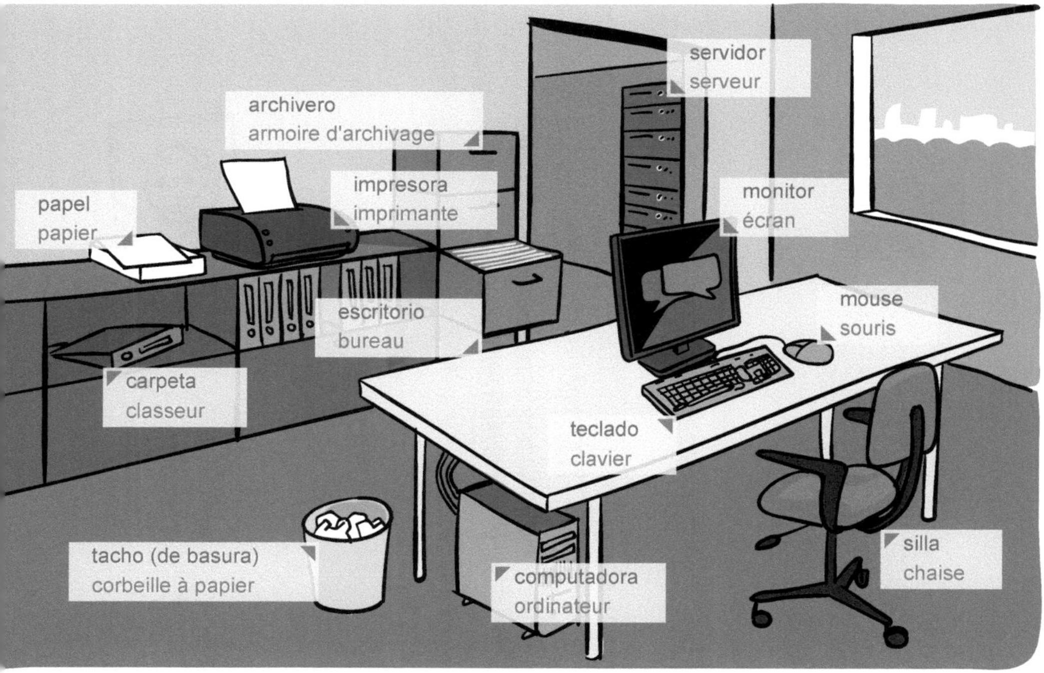

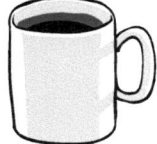

taza de café

tasse à café

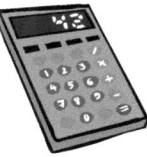

calculadora

calculatrice

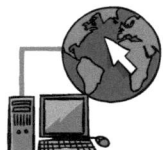

internet

internet

laptop

ordinateur portable

carta

lettre

mensaje

message

celular

portable

red

réseau

fotocopiadora

photocopieuse

software

logiciel

teléfono

téléphone

tomacorriente

prise

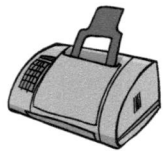

fax

fax

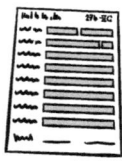

formulario

formulaire

documento

document

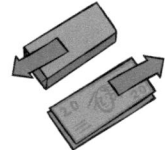

comprar

acheter

pagar

payer

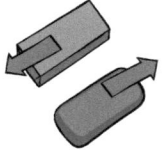

hacer negocios

marchander

dinero

monnaie

 **USD**

dólar

dollar

 **EUR**

euro

euro

 **JPY**

yen

yen

 **RUB**

rublo

rouble

 **CHF**

franco suizo

franc suisse

 **CNY**

yuan

renminbi yuan

 **INR**

rupia

roupie

cajero automático

distributeur automatique

casa de cambio

bureau de change

oro

or

plata

argent

petróleo

pétrole

energía

énergie

precio

prix

contrato

contrat

impuesto

taxe

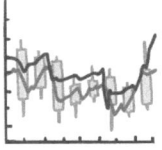

acción

action

trabajar

travailler

empleado

employé

empleador

employeur

fábrica

usine

negocio

magasin

ocupaciones
professions

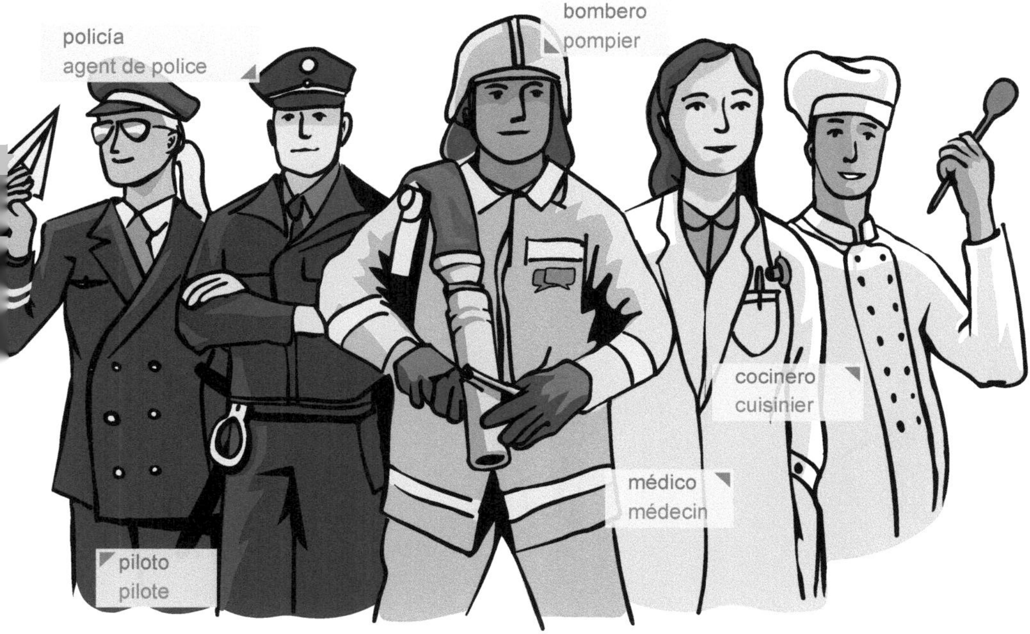
bombero
pompier
policía
agent de police
cocinero
cuisinier
médico
médecin
piloto
pilote

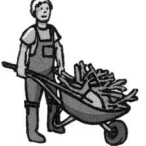

jardinero

jardinier

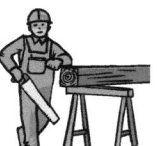

carpintero

menuisier

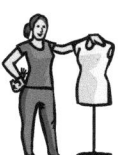

modista

couturière

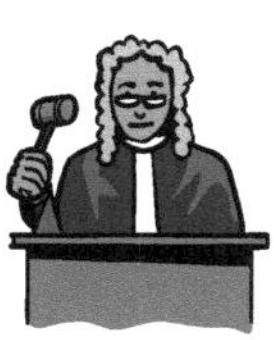

juez

juge

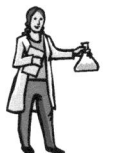

farmacéutico

chimiste

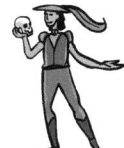

actor

acteur

colectivero

conducteur de bus

taxista

chauffeur de taxi

pescador

pêcheur

mucama

femme de ménage

techista

couvreur

mozo

serveur

cazador

chasseur

pintor

peintre

panadero

boulanger

electricista

électricien

albañil

ouvrier

ingeniero

ingénieur

carnicero

boucher

plomero

plombier

cartero

facteur

ocupaciones - professions

soldado

soldat

arquitecto

architecte

cajero

caissier

florista

fleuriste

peluquero

coiffeur

cobrador

contrôleur

mecánico

mécanicien

capitán

capitaine

dentista

dentiste

científico

scientifique

rabino

rabbin

imán

imam

monje

moine

sacerdote

prêtre

herramientas
outils

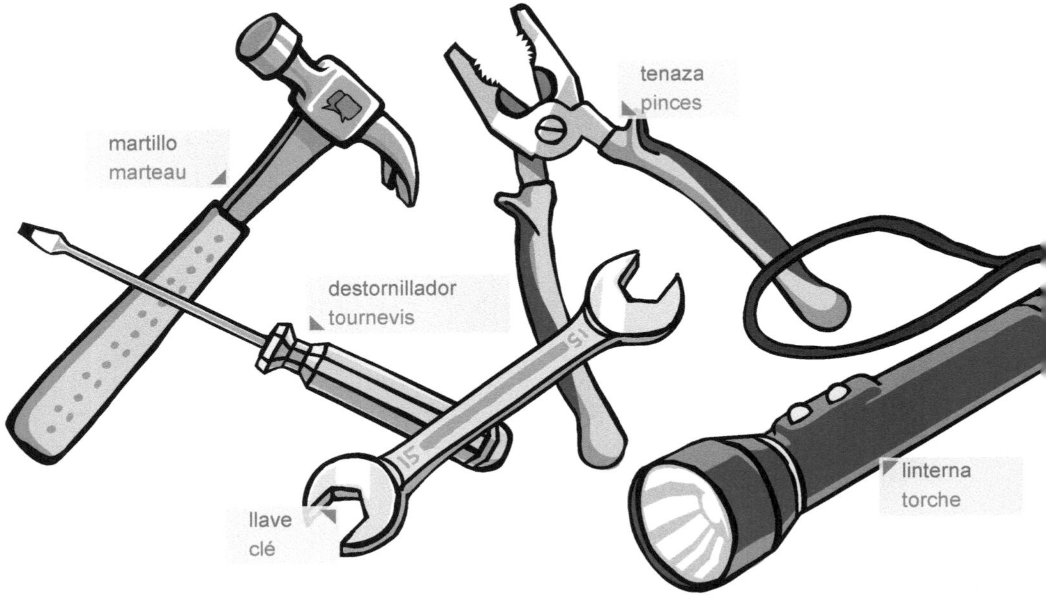
martillo
marteau
tenaza
pinces
destornillador
tournevis
llave
clé
linterna
torche

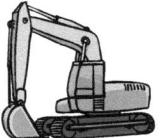

excavadora

pelleteuse

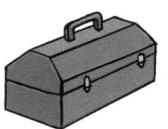

caja de herramientas

boîte à outils

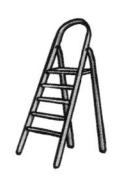

escalera portátil

échelle

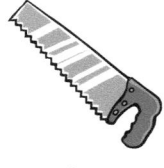

sierra

scie

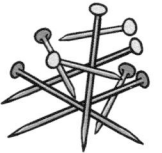

clavos

clous

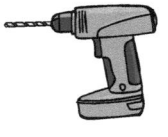

taladro

perceuse

arreglar

réparer

pala de jardín

pelle

¡Qué bronca!

Mince!

pala de plástico

pelle

tacho de pintura

pot de peinture

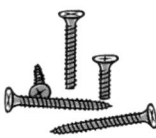

tornillos

vis

instrumentos musicales
instruments de musique

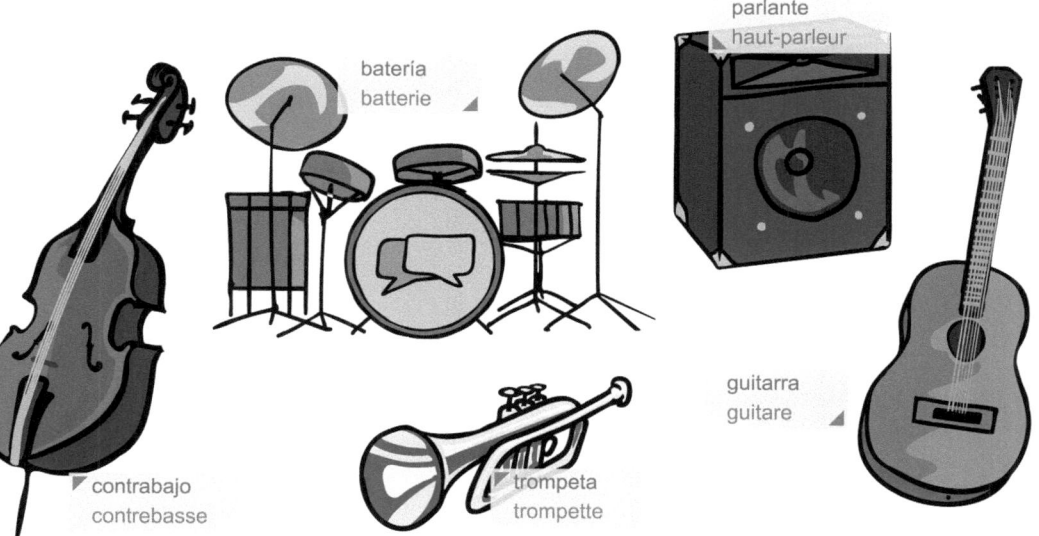

parlante
haut-parleur

batería
batterie

contrabajo
contrebasse

trompeta
trompette

guitarra
guitare

piano
piano

violín
violon

bajo
basse

timbales
timbales

tambor
tambour

teclado
piano électrique

saxofón
saxophone

flauta
flûte

micrófono
microphone

tigre
tigre

entrada
entrée

jaula
cage

cebra
zèbre

alimento para animales
alimentation animale

oso panda
panda

animales
animaux

elefante
éléphant

canguro
kangourou

rinoceronte
rhinocéros

gorila
gorille

oso
ours

camello

chameau

avestruz

autruche

león

lion

mono

singe

flamenco

flamand rose

loro

perroquet

oso polar

ours polaire

pingüino

pingouin

tiburón

requin

pavo real

paon

serpiente

serpent

cocodrilo

crocodile

cuidador del zoológico

gardien de zoo

foca

phoque

jaguar

jaguar

poni
poney

leopardo
léopard

hipopótamo
hippopotame

jirafa
girafe

águila
aigle

jabalí
sanglier

pescado
poisson

tortuga
tortue

morsa
morse

zorro
renard

gacela
gazelle

fútbol americano
american Football

ciclismo
cyclisme

tenis
tennis

básquet
basket-ball

natación
natation

boxeo
boxe

hockey sobre hielo
hockey sur glace

fútbol
football

bádminton
badminton

atletismo
athlétisme

handball
handball

esquí
ski

polo
polo

actividades
activités

reír
rire
saltar
sauter
abrazar
embrasser
caminar
marcher
cantar
chanter
soñar
rêver
rezar
prier
besar
faire la bise

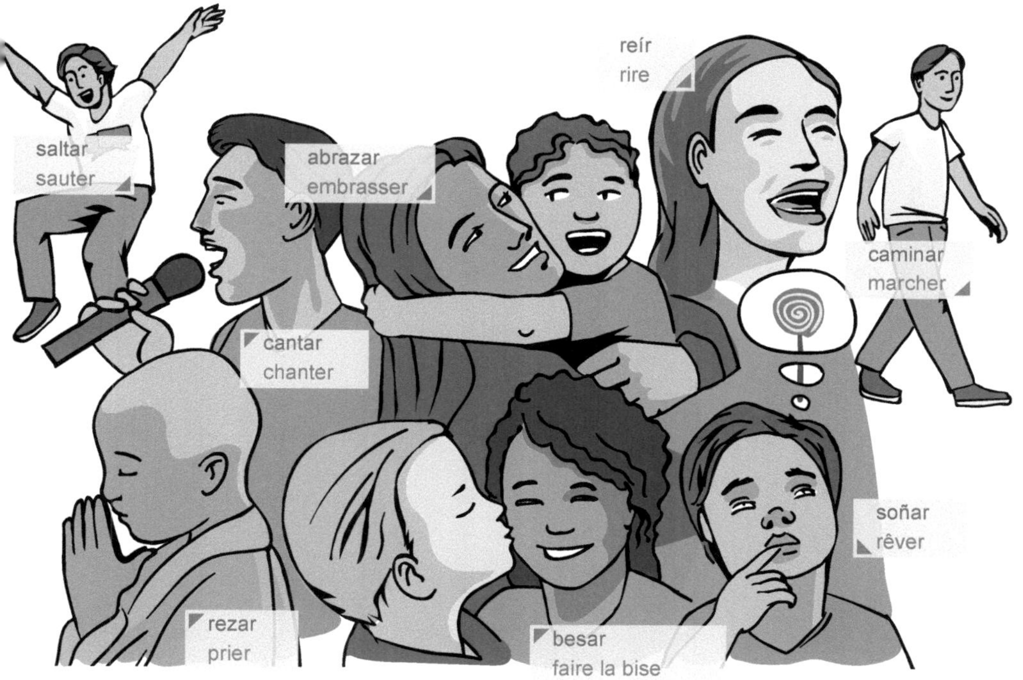

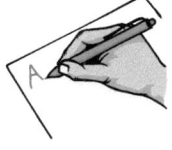

escribir

écrire

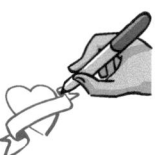

dibujar

dessiner

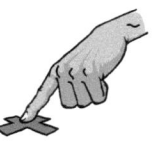

mostrar

montrer

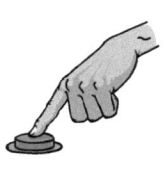

presionar

pousser

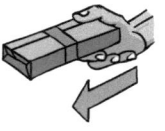

dar

donner

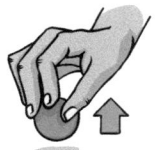

tomar

prendre

tener
avoir

hacer
faire

ser
être

estar parado
être debout

correr
courir

tirar
trier

tirar
jeter

caer
tomber

estar acostado
être couché

esperar
attendre

llevar
porter

estar sentado
être assis

vestirse
s'habiller

dormir
dormir

despertar
se réveiller

mirar

regarder

llorar

pleurer

acariciar

caresser

peinar

peigner

hablar

parler

entender

comprendre

preguntar

demander

escuchar

écouter

beber

boire

comer

manger

ordenar

ranger

amar

aimer

cocinar

cuire

manejar

conduire

volar

voler

navegar

faire de la voile

calcular

calculer

leer

lire

aprender

apprendre

trabajar

travailler

casarse

se marier

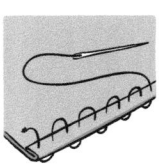

coser

coudre

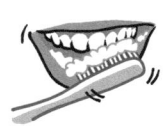

cepillarse los dientes

se brosser les dents

matar

tuer

fumar

fumer

enviar

envoyer

abuela
grand-mère

abuelo
grand-père

padre
père

madre
mère

bebé
bébé

hija
fille

hijo
fils

invitado
hôte

tía
tante

tío
oncle

hermano
frère

hermana
sœur

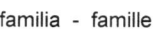

familia - famille

67

cuerpo
corps

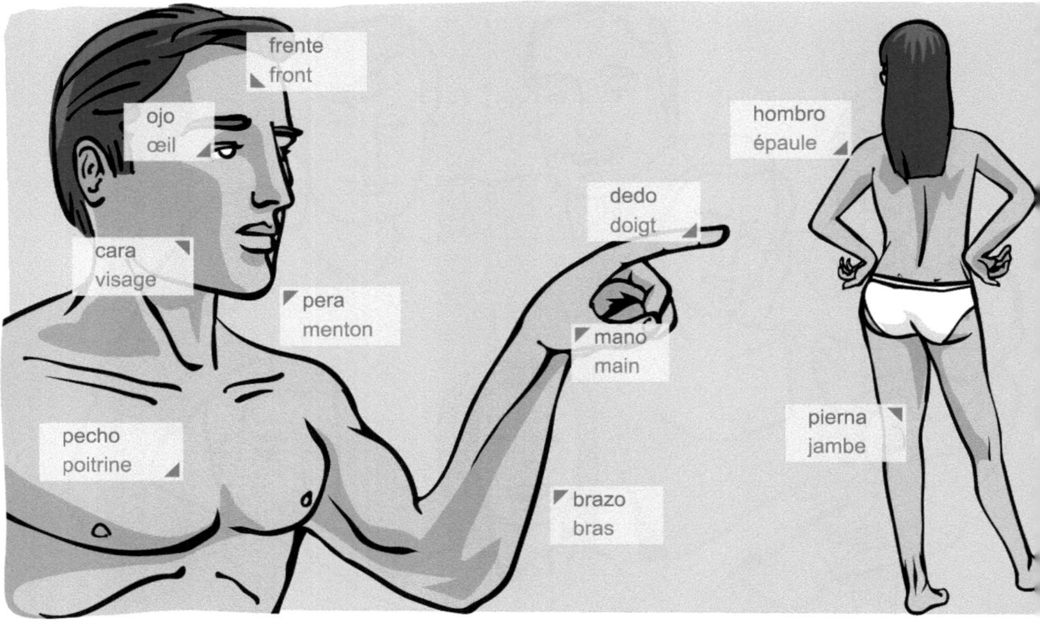
frente
front
ojo
œil
hombro
épaule
dedo
doigt
cara
visage
pera
menton
mano
main
pierna
jambe
pecho
poitrine
brazo
bras

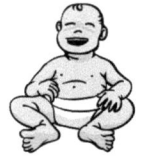

bebé

bébé

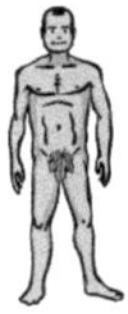

hombre

homme

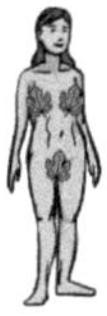

mujer

femme

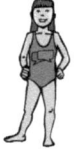

nena

fille

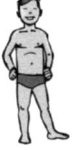

nene

garçon

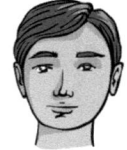

cabeza

tête

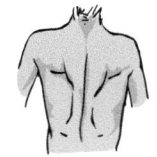

espalda
dos

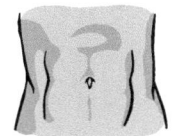

panza
ventre

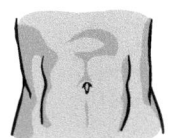

ombligo
nombril

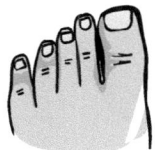

dedo del pie
orteil

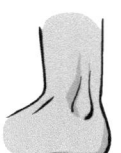

talón
talon

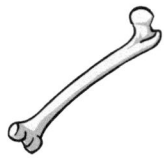

hueso
os

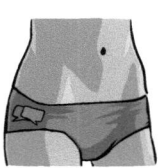

cadera
hanche

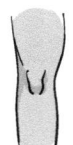

rodilla
genou

codo
coude

nariz
nez

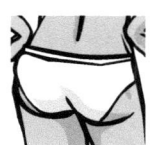

cola
fesses

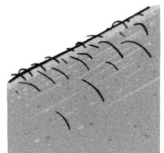

piel
peau

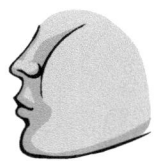

cachete
joue

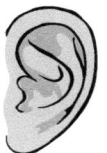

oreja
oreille

labio
lèvre

boca

bouche

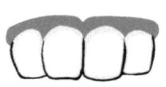

diente

dent

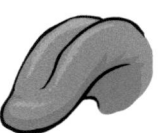

lengua

langue

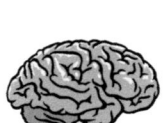

cerebro

cerveau

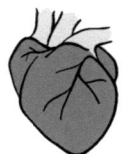

corazón

cœur

músculo

muscle

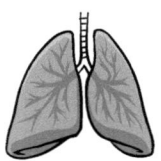

pulmón

poumons

hígado

foie

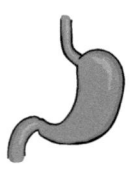

estómago

estomac

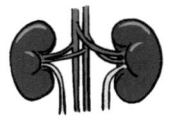

riñones

reins

sexo

rapport sexuel

preservativo

préservatif

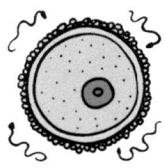

óvulo

ovule

semen

sperme

embarazo

grossesse

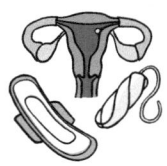

menstruación

menstruation

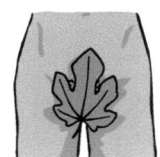

vagina

vagin

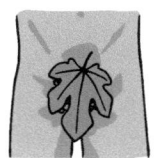

pene

pénis

ceja

sourcil

pelo

cheveux

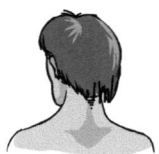

cuello

cou

hospital
hôpital

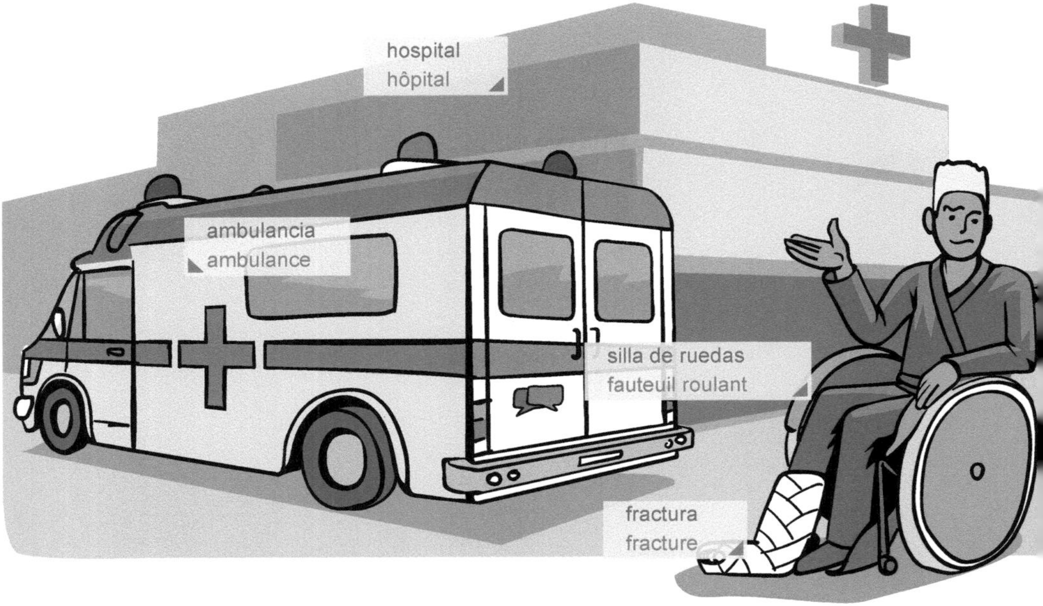

hospital
hôpital
ambulancia
ambulance
silla de ruedas
fauteuil roulant
fractura
fracture

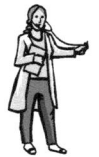

médico
médecin

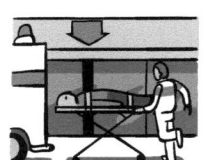

sala de guardia
service des urgences

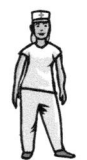

enfermera
infirmière

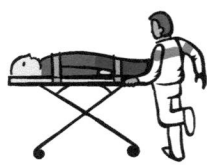

emergencia
urgence

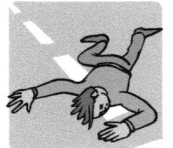

inconsciente
inconscient

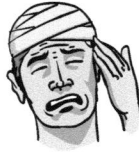

dolor
douleur

lesión

blessure

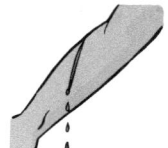

hemorragia

hémorragie

infarto

crise cardiaque

ACV

attaque cérébrale

alergia

allergie

tos

toux

fiebre

fièvre

gripe

grippe

diarrea

diarrhée

dolor de cabeza

mal de tête

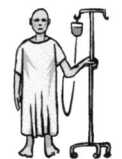

cáncer

cancer

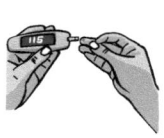

diabetes

diabète

cirujano

chirurgien

bisturí

scalpel

operación

opération

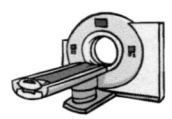

TC
CT

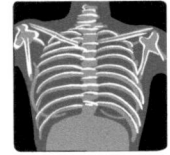

rayos x
radiographie

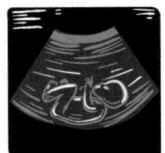

ecografía
échographie

barbijo
masque

enfermedad
maladie

sala de espera
salle d'attente

muleta
béquille

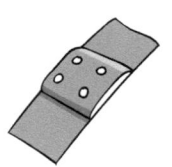

curita
pansement

venda
pansement

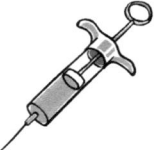

inyección
injection

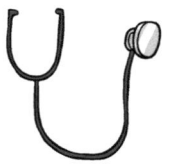

estetoscopio
stéthoscope

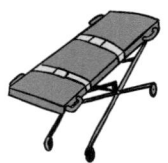

camilla
brancard

termómetro
thermomètre

nacimiento
accouchement

sobrepeso
surpoids

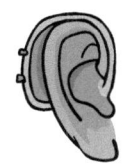

audífono

appareil auditif

desinfectante

désinfectant

infección

infection

virus

virus

VIH / SIDA

VIH / sida

remedio

médicament

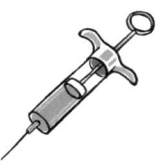

vacunación

vaccination

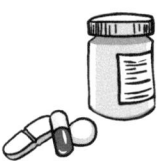

comprimidos

tablettes

pastilla anticonceptiva

pilule

llamada de emergencia

appel d'urgence

tensiómetro

tensiomètre

enfermo / sano

malade / sain

¡Ayuda!
Au secours!

alarma
alarme

agresión
agression

ataque
attaque

peligro
danger

salida de emergencia
sortie de secours

¡Fuego!
Au feu!

matafuego
extincteur

accidente
accident

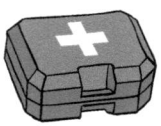

botiquín de primeros
auxilios
trousse de premier secours

SOS
SOS

policía
police

Europa

Europe

América del Norte

Amérique du Nord

América del Sur

Amérique du Sud

África

Afrique

Asia

Asie

Australia

Australie

Atlántico

Océan atlantique

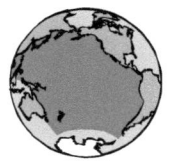

Pacífico

Océan pacifique

Océano Índico

Océan indien

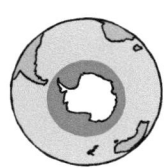

Océano Antártico

Océan antarctique

Océano Ártico

Océan arctique

polo norte

Pônord

polo sur

Pôsud

Antártida

Antarctique

Tierra

terre

tierra

pays

mar

mer

isla

île

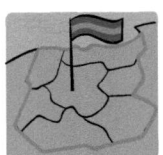

nación

nation

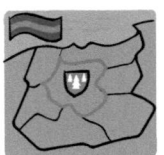

estado

état

esfera

cadran

manecilla de las horas

aiguille des heures

minutero

aiguille des minutes

segundero

aiguille des secondes

¿Qué hora es?

Quelle heure est-il?

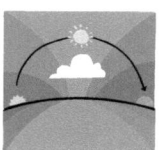

día

jour

hora

temps

ahora

maintenant

reloj digital

montre digitale

minuto

minute

hora

heure

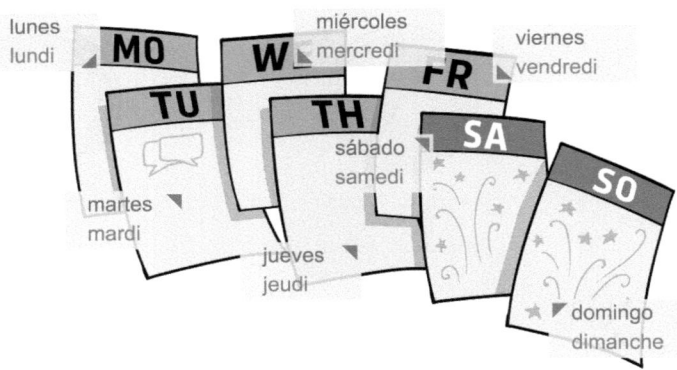

lunes / lundi — MO
martes / mardi — TU
miércoles / mercredi — W
jueves / jeudi — TH
viernes / vendredi — FR
sábado / samedi — SA
domingo / dimanche — SO

ayer

hier

hoy

aujourd'hui

mañana

demain

mañana

matin

mediodía

midi

tarde

soir

MO	TU	WE	TH	FR	SA	SU
1	2	3	4	5	6	7
8	9	10	11	12	13	14
15	16	17	18	19	20	21
22	23	24	25	26	27	28
29	30	31	1	2	3	4

días hábiles

jours ouvrables

MO	TU	WE	TH	FR	SA	SU
1	2	3	4	5	6	7
8	9	10	11	12	13	14
15	16	17	18	19	20	21
22	23	24	25	26	27	28
29	30	31	1	2	3	4

fin de semana

week-end

lluvia
pluie

arco iris
arc-en-ciel

nieve
neige

viento
vent

primavera
printemps

otoño
automne

verano
été

invierno
hiver

4.APRIL	11°	☀
5.APRIL	4°	☁
6.APRIL	13°	☂
7.APRIL	8°	❄
8.APRIL	10°	❄

pronóstico meteorológico
météo

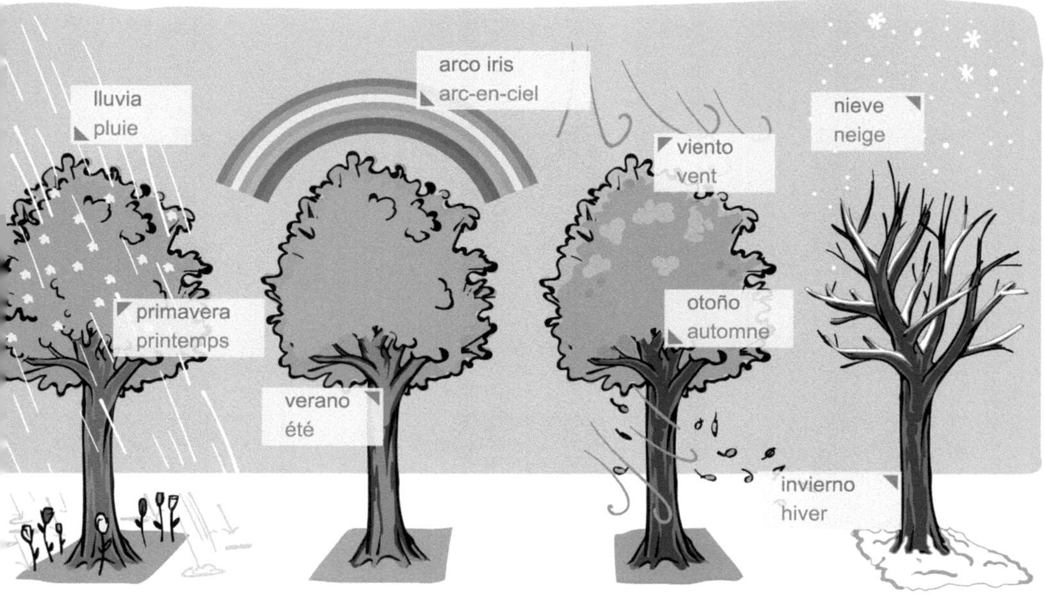

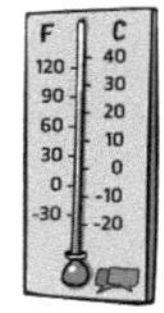

termómetro
thermomètre

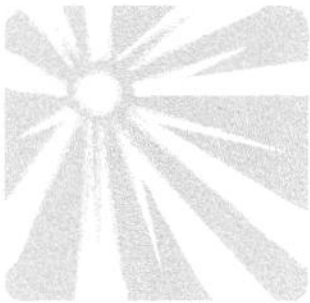

luz del sol
lumière du soleil

nube
nuage

niebla
brouillard

humedad
humidité

rayo

foudre

trueno

tonnerre

tormenta

tempête

granizo

grêle

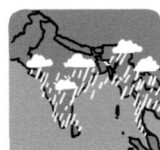

monzón

mousson

inundación

inondation

hielo

glace

enero

janvier

febrero

février

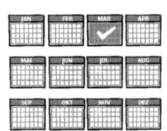

marzo

mars

abril

avril

mayo

mai

junio

juin

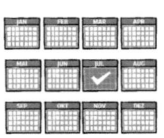

julio

juillet

agosto

août

año - année

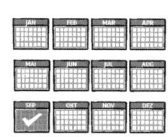

septiembre

septembre

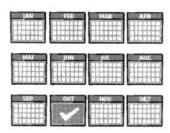

octubre

octobre

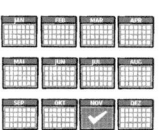

noviembre

novembre

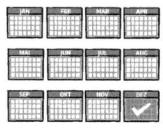

diciembre

décembre

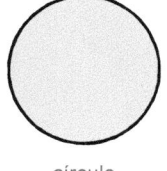

círculo

cercle

cuadrado

carré

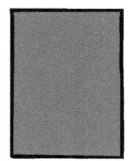

rectángulo

rectangle

triángulo

triangle

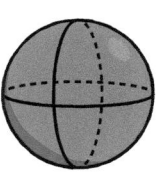

esfera

sphère

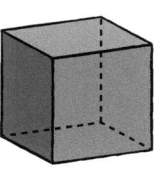

cubo

cube

blanco

blanc

amarillo

jaune

naranja

orange

rosa

rose

rojo

rouge

violeta

violet

azul

bleu

verde

vert

marrón

marron

gris

gris

negro

noir

mucho / poco

beaucoup / peu

enojado / tranquilo

fâché / calme

lindo / feo

joli / laid

principio / fin

début / fin

grande / chico

grand / petit

claro / oscuro

clair / obscure

hermano / hermana

frère / sœur

limpio / sucio

propre / sale

completo / incompleto

complet / incomplet

día / noche

jour / nuit

muerto / vivo

mort / vivant

ancho / angosto

large / étroit

comestible / no comestible

comestible / incomestible

malo / amable

méchant / gentil

entusiasmado / aburrido

excité / ennuyé

gordo / flaco

gros / mince

primero / último

premier / dernier

amigo / enemigo

ami / ennemi

lleno / vacío

plein / vide

duro / blando

dur / souple

pesado / liviano

lourd / léger

hambre / sed

faim / soif

enfermo / sano

malade / sain

ilegal / legal

illégal / légal

inteligente / estúpido

intelligent / stupide

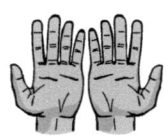

izquierda / derecha

gauche / droite

cerca / lejos

proche / loin

nuevo / usado
nouveau / usé

nada / algo
rien / quelque chose

viejo / joven
vieux / jeune

encendido / apagado
marche / arrêt

abierto / cerrado
ouvert / fermé

silencioso / ruidoso
faible / fort

rico / pobre
riche / pauvre

correcto / incorrecto
correct / incorrect

áspero / suave
rugueux / lisse

triste / contento
triste / heureux

corto / largo
court / long

lento / rápido
lent / rapide

mojado / seco
mouillé / sec

caliente / frío
chaud / froid

guerra / paz
guerre / paix

opuestos - oppositions

números

nombres

0

cero

zéro

1

uno

un

2

dos

deux

3

tres

trois

4

cuatro

quatre

5

cinco

cinq

6

seis

six

7

siete

sept

8

ocho

huit

9

nueve

neuf

10

diez

dix

11

once

onze

12

doce
douze

13

trece
treize

14

catorce
quatorze

15

quince
quinze

16

dieciséis
seize

17

diecisiete
dix-sept

18

dieciocho
dix-huit

19

diecinueve
dix-neuf

20

veinte
vingt

100

cien
cent

1.000

mil
mille

1.000.000

millón
million

inglés
anglais

inglés americano
anglais américain

chino mandarín
chinois mandarin

hindi
hindi

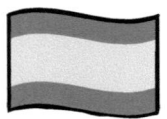

español
espagnol

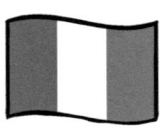

francés
français

árabe
arabe

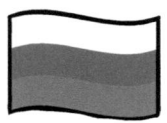

ruso
russe

portugués
portugais

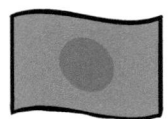

bengalí
bengali

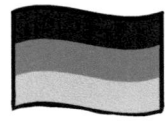

alemán
allemand

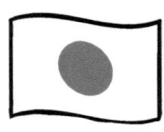

japonés
japonais

yo

je

vos

tu

él / ella

il / elle

nosotros

nous

ustedes

vous

ellos

ils / elles

¿quién?

qui?

¿qué?

quoi?

¿cómo?

comment?

¿dónde?

où?

¿cuándo?

quand?

nombre

nom

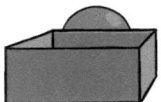

detrás
derrière

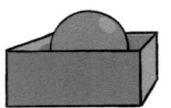

en
dans

adelante de
devant

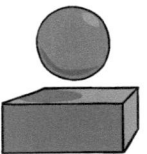

por encima de
au-dessus

sobre
sur

debajo de
en-dessous

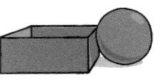

al lado de
à côté de

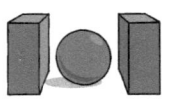

entre
entre

lugar
lieu